AF485676

RECUERDOS AZULES

POEMAS Y DIVAGACIONES

ALVAR MUÑOZ
alvarajmc@gmail.com

ISBN: 9798573096025

A todos aquellos artistas y titanes que duermen en la cómoda agonía de un empleo, con la esperanza de que, algún día, despierten.

.

Prólogo

"Recuerdos azules" es el cuarto de una colección de escritos, recopilación de recuerdos, realizados por el autor Alvar Muñoz a lo largo de varios años.

En esta obra se recogen escritos seleccionados durante la etapa de joven adulto del autor, por lo tanto, podremos encontrar situaciones tanto inmaduras, despreocupadas y atrevidas, como también más cálidas, hogareñas, menos viscerales e incluso más centradas en un ambiente laboral.

Igualmente, encontraremos esa fuerza y resistencia típicas de un joven siendo absorbido por las responsabilidades y los compromisos, así como la subsecuente resignación; entregando redacciones a veces osadas y, quizás, controvertidas.

A pesar de los cambios en sus actividades diarias y personalidad, al comprometerse en matrimonio y ser padre por primera vez, todavía es apreciable la recurrente necesidad en el autor de decir la verdad, confesarse, compartir e invocar imágenes cotidianas mezcladas con algunos matices sobrenaturales o imaginarios.

En "Recuerdos azules" es posible apreciar

cierta destreza en sus letras, pero el autor continúa ofreciendo pasajes un tanto salvajes, incoherentes, emocionales o caprichosos, pero que consigue evocar en sus líneas situaciones, pensamientos o recuerdos de nuestra propia historia.

Esa es la intención final de "Recuerdos azules", iniciar un viaje hacia nosotros mismos, recordando y generar conversaciones; compartirnos, para disfrutar de los que somos, hicimos y estamos por hacer.

Índice

RECUERDOS AZULES

Dos horas

Perdido. Deambulando. Inquieto. Furioso… Esperando.

Faltan dos horas largas para verte. Para encontrare entre la multitud. En esa estampida de gente que camina como si nada ni nadie más existiera. Muchedumbre. Saturada de pasos, voces, pensamientos, alegrías y desdichas; a ratos desconocida y a veces no tanto, porque nos recuerda un poco a nosotros en algún otro día de nuestras vidas.

Antes de hallarte pensaré, soñaré, creeré que ya estoy contigo para no salirme de aquí ahora mismo, desesperadamente, en tu búsqueda.

Ya quiero que bailemos al ritmo de samba y ruido (ruido de gente, bocinas, niños, perros gatos, pájaros, viento… y demás habitantes cotidianos de las calles).

A la ciudad le hacemos falta, sin nosotros no existe, no vive. Es indispensable que estemos juntos, en ella. En sus calles, aceras, avenidas, puertas, muros, parques y edificios.

¿Alguna vez te he dicho que eres mi lugar favorito?

Me gusta visitarte, recorrerte, saberte; por eso algunas veces me detengo para conocer la historia de tus callejones, museos, monumentos, iglesias, plazas, ríos, murallas, playas y castillos.

Eres el lugar perfecto para irme de paseo; para viajar, habitar o esconderme. En ti se puede iniciar una nueva vida (o incluso mejorar la que ya tengo) y también construir una ciudad entera, para que la habiten las cosas más felices del mundo.

Te estaré tomando un millón de fotos para recordarte y llevarte conmigo.

Mujer

No he podido atreverme a decidir cuál es la parte que más me gusta de ti… Tienes a todas las mujeres acomodadas en diferentes partes del cuerpo.

Les dedicas diferentes partes del día o la noche, diferentes luces, sonidos, voces, aromas, misterios… Las tienes durmiendo debajo de la piel, acostumbradas, domadas o, quizás, sólo distraídas.

De todas las que son tú, a veces a alguna le da calor y se mueve, acecha, sonríe, corre, bosteza o simplemente mira a través de tus ojos y se adueña de ti. Te atraviesa, y la voluntad que lleva consigo se esparce, entonces la vida al lado tuyo tiene, de pronto, diferentes sabores.

Vainilla, coco, café, hierbabuena, naranja dulce, camote, chile, ajo, fresas, mantequilla, tamarindo, pizza, vino tinto, chocolate…

¿Tú a cuál de todas te prefieres?

Yo, te confieso, las quiero a todas. Porque eres todas ellas y con ellas estas completa.

Dios sol

¿Quién es el "Dios sol"? ¿Qué hace durante el día? ¿A qué hora despierta? ¿Cuándo se duerme? ¿Cuántas veces se ha sentido solo allá arriba? ¿En qué cosas piensa?

¿No le hará falta comer un poco después del medio día? A mí me da hambre incluso antes de esa hora.

Ser el "dios sol" ha de ser difícil. No tiene vacaciones ni prestaciones, nadie lo visita nunca, ni le saluda o le agradece por lo que hace.

Yo pienso que de vez en cuando ha de tener al diablo como turista o inquilino (como en el invierno, cuando la tierra se enfría mucho y no dan ganas de hacer cosas malas o egoístas, sino solamente de hacer el amor y amar).

A veces, muy tarde, cuando llego de trabajar, lo veo que se ha escondido debajo de alguna de esas sombras que se forman en el atardecer u, otras veces, al medio día, lo descubro descansando, con la mente extraviada en pensamientos, fumando y comiendo un bocadillo en las afueras de los edificios, en la puerta de las tiendas de abarrotes o en el mercado de la ciudad, donde se reúnen todos aquellos que trabajan en un empleo horrible y esperan la hora de salida.

No le necesito dirigir la palabra o saludar, puedo darme cuenta que es el "Dios sol" por la forma tan descarada que habla o camina, alejando a todos y tomando lo que quiere, exactamente como lo hacen todos aquellos que no se sienten queridos o amados.

En una ocasión lo encontré en la calle, tenía la forma de un niño y comía una paleta de helado y chocolate. Me preguntó por una dirección, parecía que buscaba a una sombra que se escapaba de él. Pero no escucho mi respuesta, lo distrajo una paloma y se fue corriendo detrás de ella.

En otra ocasión lo descubrí deprimido. Estaba sucio, con barba, canoso y andrajoso. Se hizo pequeño y se fue a esconder en una caja de zapatos, donde se acurrucó y ocultó para estar solo durante toda la noche.

Pienso que lo hace cada vez que no quiere ver a nadie, cuando no quiere salir ni trabajar; de la misma forma que lo hacemos nosotros, cuando estamos tristes y no queremos saber nada del mundo, sino sólo deseamos olvidar, dormir, desaparecer o irnos.

Te extraño

Es el primer día sin ti y ya te extraño. Lo hiciste bien, me diste varios días contigo y luego me dejaste.

Pasarán muchos días para reencontrarte. Para esa fecha tendré pretextos suficientes para no dejarte ir, amándote y complaciéndote en todo.

Te estaré esperando para hacerte reír, abrazarte, contarte historias locas, caminar sin rumbo, ver esas películas extrañas que nos faltan, comer un mundo de golosinas, chocolates, fritangas y otros antojos; mientras recorremos las calles de la ciudad y me cuentas todo eso que aún no se de ti.

Será delicioso y no podrás decirme que "no", te lo prometo.

No quiero escribir

Hoy no tengo ganas de estar aquí, ni de trabajar, ni de nada... Mucho menos de escribir.

Últimamente me ha dado por no pensar, así que voy a hacer un esfuerzo he intentaré pensar durante un minuto éste día (uno solo), lo suficiente para vomitar sobre éstas hojas el veneno que se embarra en mis ideas y no las permite fluir.

Algunas veces soy así, parezco un poco loco; un poco indecente, cínico, insolente, extraviado, incompleto, asustado, débil, torpe, amable, abrumado, indeciso, absurdo… Triste.

No tengo las ganas, ni el aliento y no quiero oír, ver o hablar de absolutamente nada ni nadie. El mundo y todos sus inquilinos se pueden extraviar en esos días.

Pero también, a veces, parezco una persona que se podría decir más o menos normal, con la alegría recorriéndome, las preocupaciones olvidadas y unas ganas, como cosquillas en las puntas de los dedos, de que el tiempo fuera eterno.

Así soy. A veces consigo reunir breves momentos de locura desenfrenada entre los hombros, como una luz, un diamante o una brisa; llena de vida, fugaz, color azul intenso. Una inyección de vitalidad, de vigores, de demencias; con sabor a flan.

Me asaltan las energías y secretamente la mitad y media del mundo son míos (Con todos sus lagos, ríos, montañas, bosques, animales, ruinas, silencios y misterios).

En esas fechas tengo todo lo que necesito en una hoja de papel (La felicidad) y me rebozan las ganas de ser como muchas otras personas y pasar el tiempo hablando de cosas inútiles y sin trascendencia, sin sentido; alrededor de un café y galletitas, durante largas horas, en la sala o en una silla mecedora del jardín de la casa, esa que da hacia la calle, para ver, oír o inventar las últimas historias de la gente que pienso que conozco (noticias cotidianas, diría mi amiga Vanessa).

Yo me doy el permiso de ser así, de una forma o de otra, cuando me plazca. Como cambiando de ropa, color o nombre, para ser otra persona, según me convenga.

Un año

Un año.
Doce meses.
Varias lunas, encuentros, caminatas, risas, estrellas, discusiones, mensajes, dogos, historias, camiones, lluvias, poesía, reuniones, amigos, tequila, silencios, desveladas, confrontaciones, lujuria, tentaciones, cursilerías, celos, desayunos, almuerzos y cenas, danzas, ridiculeces en la calle, perfumes, aromas, sudor, uñas, películas, música, canciones, arte, excursiones, libros, exámenes, escuela, iglesias, misas, familia, Dios, bodas, cumpleaños, GRADUACIONES, playas, aniversarios, fotos, recuerdos, encuentros, rock, metal, acústica, exposiciones, batucadas, chelas, amaneceres, atardeceres, números, cigarros, planes, gripe, gatos, detalles, olvidos, retrasos, flores, sol, internet, Méridas, domingos, lunes, martes, miércoles, jueves, viernes y sábados, calles, avenidas, cines, frio, sabores, cafés, letras, chocolates, fresas con crema, metidas de pata, disculpas, mocos, pañuelos, sorpresas, alegrías, distancias, llamadas por teléfono, visitas, llegadas, salidas, trajes de baño, emociones, debates y puntos de vista, criticas, calor, mucho calor, despeinados, intervenciones, terceros, segundos y primeros, consejos, descansos, fatigas, palomas, helados, saborines, computadoras, juegos, libros, cocos, decisiones, arboles, cosechas, hamacas, bebidas, camas,

almohadas, tonterías, suspiros, evidencias, abrazos, caricias, mimos, apodos, muchos besos, el presente y el futuro...

Y miles de horas invertidas después, aún seguimos aquí. Los dos.

Tenemos

Tenemos de dos a cuatro vidas atascadas en la sombra de lo que alguna vez fuimos. Somos las hojas, el recuerdo, el aroma de diferentes días y, a veces, de diferentes desgracias, tristezas o ruidos.

Yo recuerdo alguna ocasión haber hecho algo importante o destructivo, pero no sé, creo que en realidad no era yo; se trataba de mí, pero cuando no tengo ganas de ser yo mismo.

A veces soy como un retazo de tela, de vidrio o de vida; yo no sé realmente qué, pero me parezco a una cosa dividida.

Me confundo con la lluvia, el viento, el clima, las nubes de cuando hace frio y las hojas muertas; incompleto, roto y hasta no me reconozco.

Aun así, soy yo, y tú lo sabes bien; porque lo mejor de mí, cuando no estoy contigo, son nuestros recuerdos y esa sensación de querer llevarte conmigo a todas partes y aferrarme a ti la próxima vez que te encuentre.

No recuerdo

No recuerdo el cielo, la tierra, la luz o el sabor dulce que tenía en los labios…

Ya ni siquiera conozco la sensación del viento cuando esta frio y nos acaricia el rostro.

Lo he olvidado todo.

Necesito una taza de café, una pizca de canela, chocolates, galletas y un par de cigarros para recuperar la sensación de eternidad y la suavidad de la vida.

(Si, especialmente necesito fumar.)

Necesitamos el otoño y el invierno. Nos hace falta el frío; ese de cuando la piel se siente aterciopelada, tibia, dispuesta y la compañía se permite entregarse, acariciar y abrigarnos.

Y todo en compañía de la luna, la cálida melodía del sol cuando se duerme y de esa traviesa luciérnaga que se aparece para volar alrededor de nuestras vidas, trayendo recuerdos en forma de nuevas experiencias.

Por naturaleza

A mí eso de la muerte se me da como por naturaleza, como si fuera lo mío.

Recuerdo que en una ocasión me acosté a dormir antes de que el sol atardeciera. La muerte me llego a la cama en forma de mujer de cabellos largos y me dormí con ella; e hicimos el amor toda la noche y lo que quedó del día anterior.

No existe en mi mente otro recuerdo en el que hubiera vivido tanto, tan intensamente, como en aquella noche; inundado en la sensación de su piel, su calor, el frio y esa satisfacción de morir y vivir al mismo tiempo.

Todo con una taza de café perfumando la habitación.

Déjame

— Tienes una raspada. Parece una herida de tiempo atrás, como si te hubieras quemado (es como de esas heridas que los tiempos no dejaron sanar y que cuando las pensábamos se sienten que duelen más). Permíteme ayudarte a sanar y que termine de doler. ¿Te permitirías detener tu viaje y quedarte una noche más? ... Tal vez al despertar las horas nocturnas se hayan llevado las pasiones, los sueños, las pesadillas, los ladridos de los perros y, ellos, tu pena... ¿Lo permitirías? ¿Quieres que sigamos divagando?

— No, déjame, sé que te quieres ir.

—Lo que quiero es llevarte conmigo a las horas que le faltan a la noche, para encontrar la belleza más allá de donde tus rencores te permiten visitar. Te garantizo que está lleno de luces de colores, sabores deliciosos y mejores historias de las que has conocido.

— No quiero ir.

—Sé que quieres ir, tu cuerpo lo confiesa. Pero no quieres ir acompañada de mí. Está bien, te dejaré hacer lo que quieras y espero que algún día encuentres lo que buscas. Sólo, por favor, recuerda que regresar no es una forma de llegar.

Tenemos la noche

La piel duele. Arde. Se confunde con el fuego, y el fuego con la vida, esa vida que es de los vientos, las nubes y la sensación de morirse.

Mis dedos se sienten como confundidos, aturdidos, tiemblan; se agobian porque el tiempo es terco y no se detiene, es como una fiera, ruge, muestra los dientes, ladra, grita, se abalanza sobre su presa, la mata. Y me falta soportar mucho tiempo de esta fiera para volver a verte.

Quiero hacerte el amor desde el día que nos conocimos y todos los días que le siguen. ¿Ya te lo había dicho antes?

Tendremos una noche para nosotros; una noche nuestra, que durará para siempre. Y serás mía. Y desde los rincones Dios nos observará, alerta, vigilante; como lo hacen los fantasmas que se duermen en las paredes, hasta que la noche, el silencio y la profundidad los despiertan.

Juguetes

Existe gente que ya no la recuerdo; a veces parece que sólo quedan algunas voces y una que otra risa inesperada, sorpresiva; distraída por los despojos de aquellos minutos, ahora lejanos, como los recuerdos de nuestros juguetes de cuando éramos niños.

Cuando yo fui niño tenía muchos juguetes, pero no los recuerdo a todos; es una pena, de esa forma mueren los juguetes; se desvanecen de nuestros más felices recuerdos con el paso del tiempo; o quizás soy sólo somos nosotros los que vamos muriendo un poco con los años, mientras crecemos.

No lo sé. Pero mis manos todavía evocan, en ocasiones, los juegos, la sensación a tierra entre los dedos, el viento, las diferentes luces del sol, gritar, nadar, brincar, correr hasta no poder más (cuando duele el estómago) y luego dejarse caer sobre la hierba para mirar el cielo, con el corazón como riéndose a carcajadas.

¿Te acuerdas de algo así? Tú me dijiste que tenías un cochecito, ese que era azul y que tanto te gustaba; yo sólo espero que cuando lo recuerdes aún te provoquen una sonrisa.

Vientos

Ha pasado mucho tiempo de silencio, el viento ya no nos habla y hasta parece que se ha olvidado de nosotros; ha de estar muy ocupado.

Ayer lo encontré cantando lo que parecían palabras, casi rezando; y es que así es el viento, no sabes cuándo te llegará ni qué te trae; a veces es azul, otras como gris, y el resto de los días se disfraza de diferentes colores, para que lo confundamos con personas que encontramos en la calle.

Se parece al vendedor de periódicos, a la señora que siempre nos saluda cuando pasamos, a esos niños que juegan a escondidas, a los amantes que se ríen satisfechos o a una u otra ilusión que al final, en la noche (poco antes de dormir), recordaremos vagamente y luego olvidaremos.

Pasajeros

Tenemos el mejor momento entre las manos; ese que sabe a eternidad, que duele, que impacienta, que hace pensar y redescubrir; que nos enfrenta, nos dice, nos mira y nos hace pasar de largo, pero que cuándo se va se siente como si nunca hubiera estado, evocado quizás jamás y olvidado después.

A veces, muy pocas realmente, tenemos la oportunidad de detenernos y recordarnos, de preguntarnos un por qué o para qué de nosotros mismos; de pensarnos y sabernos. O reconocernos.

Es así como, de pronto, nos encontramos de pie esperando, en la central de autobuses del destino, eligiendo el autobús y recorrido que nos llevara a nuestro futuro.

Yo muchas veces he venido aquí. La mayoría, sin querer. Pienso que alguna cosa he olvidado o no he hecho bien y por eso la vida me regresa repetidamente a éste lugar. Pero aún no descubro por qué.

Mientras tanto me siento en la sala de espera y pienso en la gente que me rodea; en lo que son, en lo que serían, lo que serán o lo que pueden llegar a ser.

Los miro como piezas de una historia de todavía se está escribiendo y que, quizás, concluye cuando las pierdo de vista, cuando se van del espacio que compartimos, lejos, a seguir con sus vidas.

¿Cuántos de ellos morirán antes que yo? ¿Cuántos de ellos sufrirán más que yo? ¿Cuántos de ellos realizaran cosas más grandes que yo?

No se puede saber. Pero mantengo esas y más preguntas cada vez que alguien se atraviesa en mi recorrido por la vida, a veces por accidente, otras por casualidad, en ocasiones porque yo lo decido y en algunas, muy pocas, porque ellos lo eligen.

La mayoría de las veces es solo el azar, la casualidad, lo que nos lleva a encontrarnos aquí, para llenar con nuestras acciones los momentos que hay entre la cuna y la tumba.

Amiga imaginaria

Ayer noche me encontré con tu amiga imaginaria, cuando yo caminaba para mi casa.

Ella tenía la mirada extraviada en algún recuerdo, los labios cansados, la piel tibia y el cabello revuelto de como cuando acabas de despertar. Se sorprendió cuando la saludé, pero le dio gusto y me estrecho la mano.

La hallé satisfecha contigo; me contó de tus planes, de tus metas, tus problemas existenciales y tus miedos (y ahora, gracias a eso, entiendo muchas cosas acerca de ti); también me contó lo que haces cuando duermes, que te mueves mucho, que a veces roncas o hablas dormida, pero también que sólo cuando duermes no pareces tan complicada y que hasta se pueden enamorar de ti.

Hablamos durante algunos momentos y luego nos despedimos; yo tenía algo de prisa, necesitaba regresar a casa antes de despertar, y ella dijo que debía regresar contigo, al lugar que le tienes reservado detrás de tu cuello, donde se guardan los secretos, lo que dicen tus silencios y las ganas que a veces no te permites.

Somos

Somos ruido. Discordia. Algunos parecidos al escándalo que se grita con enojo, con ira, con todas las fuerzas y el vigor retorcido en la garganta, en lo profundo, acumulado, en estruendo, en explosión, reventando de vitalidad; y otros, por el contrario, son más como el silencio, callados, mudos, minúsculos como un suspiro, imperceptibles.

En casa

Las noches en la casa de Alvar Muñoz no se vivían como en otras casas, allí parecía que la noche era más día que noche.

Se trabajaba hasta la madrugada, se reía a carcajadas como si no les importara la tranquilidad y el sueño de los vecinos; se comía igual un pan que un pedazo de pastel, una dona, pudín, flan o golosinas, acompañadas de refresco o café fríos; se miraba la televisión (que más parecía existir sola, porque realmente a nadie le importaba mirarla sino solamente escuchar su ruido para no sentirse que el día había acabado hace varias horas atrás) y dejaban los deberes que no les daban ganas de hacer pendientes para el día siguiente.

En la casa se hablaba de problemas, retos y de triunfos; se platicaba de lo que se hizo durante el día y de lo que se haría al siguiente; y, a veces, se rezaba un rosario para conciliar el sueño, calmar el alma y llenarse de una dosis suficiente de fe para enfrentar aquello que se esperaba a la mañana o la tarde siguiente.

A su madre, Doña Duli, le gustaba reír; se reía de casi todo; de las locuras que le contaban sus amigas, de las cosas que hacían sus gatos, sus perros, sus gallos, gallinas, sus patos, sus pericos australianos y uno que otro animalito que para su buena fortuna había llegado a la casa para llenarla de tantas y tantas anécdotas y curiosidades.

Doña Duli se reía hasta de sus desdichas, que al final ella llamaba triunfos, porque ¿de qué otra manera se podrían llamar a aquellas cosas que de pronto la dejaban preocupada y que luego resultaban superadas, dejando montones de historias entrelazadas para contar y una satisfacción tremenda de que la vida y Dios ofrecían esperanza, consuelo y fe? Triunfos solamente.

No terminaba la noche en esa casa sino hasta pasadas las tres de la madrugada, cuando Alvar decidía irse a dormir después de sacar al perro, cepillarse los dientes durante cinco minutos y bañarse; porque a Alvar no le gustaba dormir con la suciedad que había acumulado durante todo el día. –Nada que no sea yo y mis deseos y mis sueños, duermen conmigo– se dijo una noche y la soledad pareció entenderle aquella manía suya de irse dormir con el cabello un poco mojado.

Los días, en cambio, eran diferentes siempre en casa de Alvar, a veces había mucha gente reunida; personas que iban y venían por varias y diferentes razones, familiares, vecinos, amigos y desconocidos por igual podían aparecerse y desaparecerse tan rápido como llegaron o tan lento que a su madre le daban desesperadas ganas de sacarlos.

Otras veces no había nadie y parecía una casa abandonada, sucia, solitaria, oscura, silenciosa. Esos días fueron de cuando a Doña Duli salía de paseo para visitar a sus amigas, parientes o las playas de lugares distantes y dejaba a Alvar en casa, para hacerse cargo de los animalitos y los rincones. En esas fechas solamente los fantasmas visitaban la casa; la llenaban con sus recuerdos, sus ruidos, sombras y cambiando uno que otro objeto de su lugar.

Muchos visitaban esa casa, pero la visita que más le gusta a Alvar era la de su novia los días domingo, para la reunión a la hora de la comida con cualquiera que por coincidencia estuviera en esa casa. La novia era una muchacha de buen ver que siempre conseguía destacarse entre las visitas; una chica de cabellos oscuros, lentes, delgada, alta y con voz alegre, con increíbles coincidencias con Alvar, pero con casi igual cantidad de diferencias.

Una tarde la tía Chata, una mujer de costumbres y creencias antiguas pero de comportamiento a veces salvaje, le aconsejó a Doña Duli que no interviniera en la relación de su hijo porque, según dijo ella— Hacen una buena pareja, se ven muy bien juntos y hasta se parecen...— y luego agregó con esa voz que una hermana mayor utiliza para decirle a su hermanita una advertencia más que un consejo— No es conveniente intervenir cuando sucede eso, porque si son el uno para el otro y se separan luego ya no formalizaran en ninguna relación—. Y Doña Duli nunca se rio de eso.

Secreto

Hay un pequeño secreto, parecido a una luciérnaga, volando alrededor mío; flotando, distraído, casi vagando… Por momentos se posa sobre la palma de mi mano, en mi hombro o cerca de mi rodilla; luego se va y parece como si se ha marchado, pero no pasa mucho tiempo y regresa, sonriente, pretencioso, inquieto, para liberar unas pequeñas risas en el ambiente y dejarme claro que le encanta estar aquí.

Redescubrir

Algunas veces consigo recordar los rostros de la gente que veo pasar cuando voy por la calle, no pienso que sea alguna habilidad mía sino, por el contrario, yo que olvido con facilidad puedo alcanzar a interpretar que existen personas bastante peculiares que, de alguna manera, recuerdas o son fáciles de recordar.

En una ocasión, miré a una mujer particularmente especial, no sólo porque era bonita, sino porque tenía la gracia y la alegría recorriéndole todo el cuerpo. La miré sólo por unos instantes, pero fueron suficientes.

Muchos meses después, justo cuando pensé que ya la había olvidado, me la encontré en una pequeña tienda de electrónica, como vendedora.

Sé que ella no me reconoce. Pero fue agradable encontrarla. Pude revivirla, rescatarla, recuperarla de entre mis olvidos y disfrutar de esa magia particular que tiene esparcida en su figura, rostro y espíritu.

Desde aquel entonces, no pierdo oportunidad de ir a compras a ese lugar y platicar con ella, regresándome en cada ocasión el placer de descubrirla.

Llegar a casa

Me gusta la noche. Me gusta fumar, la lluvia, el wiski, el sonido de los trenes, el viento, los panes dulces, café, mis pies descalzos, dormir; y estoy comenzando a acostumbrarme a los gritos locos de los vecinos, las peleas en las madrugadas de los gatos del vecindario, los aromas de la cena, los juguetes en el piso, esparcidos (como pensando), salir tarde del trabajo y llegar a la casa, con la única intención de encontrarte.

Me gusta regresar a casa, inundarme del calor, hablar despacio, escucharte, preguntarte cosas, comer, descifrarte, mirarte sin que te des cuenta, morderte… reírnos.

Pero antes de eso necesito olvidar; dejar atrás cualquier cosa que fue del día, durante la luz, para quedarme únicamente con lo que ocurre con nosotros durante la noche, cuando nos encontramos.

Por eso intento salir temprano de la oficina y caminar rápido. Pero muchas veces el trabajo no me abandona, no sale de mí. Lo llevo cargando todo el camino a casa.

Te confieso que lo voy dejando por pedacitos, a lo largo de todo el recorrido; una parte al cerrar la puerta de mi oficina, otra al despedirme de mis compañeros, una más al apagar las luces, otra mientras espero el transporte público.

Las más grandes piezas de responsabilidades se me caen mientras camino por la ciudad; en cada esquina abandono un paquete (copias, memorándums, correos, llamadas telefónicas, pendientes para el día siguiente). Desaparecen.

Las ultimas notas las dejo justamente afuera de la puerta de nuestra casa, al llegar y escuchar sus risas, tu voz, y el llanto de mi hijo recién nacido. Justamente allí me convierto en tu esposo, en padre y en una persona algo más o menos normal.

A veces tenemos suerte, la distancia a casa es tanta y el trabajo tan ligero que olvido por completo que soy psicólogo y solamente ando por ahí, caminando, como cualquier otra persona.

Me detengo en alguna tienda para comprar pan, galletas, agua o un sobre de café, pero ya no soy el mismo que salió del trabajo, hace unos minutos atrás, ya me he convertido. Soy un poco más feliz y más ansioso por llegar a casa.

Ansiedad

Me muerdo las uñas y me arranco los cabellos repetidamente porque tengo un trastorno de ansiedad. Culpo a mi terrible sentido del humor, mi rebeldía crónica y mis ganas de no hablar con nadie.

La noche me parece eterna. Pero me gustan éste tipo de noches, porque son de las que sabes que mañana no habrá responsabilidades asfixiantes que te mantienen muerto en vida.

Hace calor.

Mi madre dice que a estas horas de la madrugada los muertos están con nosotros, recorriendo las calles del mundo, como buscando algo. Pero algunas veces eso es lo que queremos, estar con nuestros muertos.

Hay mucha gente a la que se extraña y que ya no volveremos a ver, abrazar ni recibir o dar cariño a través de conversaciones, risas y compartir la hora de la comida.

Todos extrañamos a alguien o estamos en crisis, pareciera.

Pero al lado mío esta mi esposa, recostada y dispuesta para dormir, pero no duerme, en cambio está riéndose de algo que yo no entiendo. Quisiera ser tan feliz como a veces lo puede ser ella.

Quisiera tener al menos un gato en esta casa, para que también me riera de algo y, al mismo tiempo, me mirara de esa única forma que miran los gatos: con desprecio y soberbia, como si fuera el dueño del mundo, pero ansioso por una caricia en su panza.

No puedo dormir.

A veces me dan ganas de estar borracho, de tener esa sensación de manos entumecidas, darme permiso de caminar tambaleando o hablar con dificultad.

Pero mientras tanto me muero por un cigarro. Tengo una sensación horrible en la garganta que no puedo ahogar con nada. Creo que se llama infección, ansiedad o desesperación. A veces se confunden todas esas cosas, pero me hacen toser, hablar gracioso o decir cosas que no quiero.

Extraño mi casa, lo admito.

Me podría poner a hablar acerca de mis zapatos, mi hijo, mi esposa, mi casa, mis deudas, mi trabajo, mis ganas y mis problemas, pero, en

cambio, haré un alista de cosas que tengo:
Una gotera
Un aire acondicionado con un corto circuito.
Una computadora que se ha mojado y ahora ya no funciona.
El vaso de la batidora, que se ha roto en una caída.
Un horno que desobedece.
Un ventilador que se mueve lento.

También,
Se me cae el pelo.
Mi espalda duele.
Los ojos me arden.
La cabeza como que explota.

 Y ahora una lista de lo que no tengo:
Tiempo.
Dinero.
Certidumbre.

Creo que comienzo a padecer la crisis de los treinta. Mi amiga Ivette tenía razón, la crisis de los treinta es la peor.

Mi esposa se ríe con una carcajada espontáneamente y dice "Es tan inverosímil que me da risa". Adentro mi pienso "sí, sí lo soy".

Jugar video juegos, ver películas, escuchar música. ¿Qué más puede hacer uno para no morirse mientras la vida se nos escapa entre las manos?

Tengo algo pegado en la cabeza y no me voy a ir a dormir hasta que consiga llevarlo a cabo.

El corazón se me encabrona con las tonterías que hacen mis jefes. Las fuerzas a veces no me dan y nunca antes las personas me habían enojado tanto.

Algunas veces ni siquiera el sueño es consuelo o sedante suficiente; me voy a dormir y no consigo olvidarme de nada. Al día siguiente despierto y afuera continua el mundo igualito, como si nadie hubiera tenido oportunidad de descansar y cambiar un poco.

Pero mis triglicéridos están bien, mi azúcar es estable y mi presión controlada... Yo pienso que mi revisión médica está equivocada.

Profiero curarme yo solo, para eso me voy a poner a jugar con mi hijo, con la imaginación y la alegría recorriéndonos, para que la vida se sienta que vale la pena.

Casado y con hijo

Me casé en agosto, también en diciembre y otra vez en febrero. Nos gustó tanto la idea que lo hicimos tres veces, bajo diferentes leyes, diferentes dioses y muchos testigos.

Igualmente, tenemos un hijo. Pero eso fue más difícil. Un día estaba adentro de su madre, navegando en sueños, calientito, con sus manitas aferradas a la vida y al cordón umbilical. Y al día siguiente ya no estaba en ese lugar tan seguro, lo habían sacado como se saca a una cosa para desecharla. De golpe, sin avisos ni diplomacia.

El médico se acercó a mí y me dijo — Tenemos problemas, el momento de esperar ha terminado, tendremos que realizar una cesárea o ambos no sobrevivirán — yo no supe que decir.

Una parte de mi vida se acabó esa noche. Apenas seis meses de sueños, ilusiones y felicidad se acabaron en un instante.

Decidí hablar con los dioses, les ofrecí lo poco que tenía, sacrifique hasta el último recurso, lo empeñe todo; les aposté el resto de mi tiempo y les pedí lo imposible.

Quizás no me escucharon a mí, pero después de varios minutos si escucharon el débil llanto de mi hijo, que se aferró a esta vida como si no existiera otra. Entonces ya no tuvieron más remedio y me concedieron una oportunidad de continuar un breve camino con ellos.

Sé que algún día les tendré que pagar, pero cada minuto que paso al lado de mi bebé y de ella, me importa menos.

Egocéntrico

Éste es un escrito egocéntrico, siga de largo.

Estoy muy frustrado. Hace más de diez años que no experimento, en esta magnitud, una sensación como ésta; a éste nivel. Cuando a pesar de todo el esfuerzo, investigación y meditación, no consigo mi meta.

Lo intente durante mucho tiempo, dándole vueltas una y otra vez al problema... Hasta el agotamiento. Lo dejaba por algunas horas y regresaba a él, pero sin resultado. Nada. Simplemente no lo conseguí.

Sólo me había pasado algo como esto durante la preparatoria, con la materia de cálculo. Fue la primera vez que mi cerebro no alcanzaba, no era suficiente. La primera vez que acepté que no podía. La primera vez que me detuve.

Fue horrible.

Me detuve tanto que decidí no continuar por el camino de las matemáticas. Y no lo hice. Por esa razón decidí estudiar psicología.

Odio esa sensación. Tan Limitante.
Estoy muy molesto.
Por el momento me he detenido.

Quizás es para pensar.
Quizás es para descansar.
No sé.
No sé nada.
Sólo sé que nunca he sido el mejor en ninguna cosa. Es algo así como una maldición.

Me considero muy bueno en muchas cosas, pero nunca he llegado a convertirme en el mejor en nada (en ninguna cosa).

La frustración me ocasiona dolor de cabeza.

Mientras tanto mi esposa se entretiene con historias en un lenguaje extraño. A ratos ríe. Luego, sin previo aviso, se enoja. Suspira. Y me pregunta qué cosas escribo. Yo no me atrevo a decirle la verdad, pensaría que son cosas tontas; mejor le miento. Acabo diciéndole que son problemas del trabajo. De esa forma el mundo y el tiempo mantienen su curso, como amigos. Las cosas continúan sucediendo.

Mi hijo duerme.
El gato del vecino atraviesa mi garaje, de la forma en que lo hacen los que se saben dueños del mundo.
Los perros de la colonia callan.
Hay silencio. Mucho. El suficiente.
Nos sobra tiempo.
Nos falta vida.

El inquietante futuro me aguarda. Presumido y altanero.

Arriba y debajo de nosotros hay mareas, cosas que se mueven. Ciudades ocultas.

Pero ya no quiero pensar en mí, tampoco en mis desatinos y frustraciones. Mejor me acomodo entre sus pechos y por fin le digo una cosa que es verdad, que la extrañé todo el día. A veces se duerme mejor de esa forma y yo consigo descansar.

Prefiero caminar y viajar

A veces me voy caminando de regreso a casa. Me gusta. Me agrada mirar el día muriendo, con sus luces rojas, violetas, naranjas, azules y la oscuridad abalanzándose.

Todo parece diferente, como otra ciudad. Las calles. Las casas. El viento. La gente. Parecen ajenos, distantes; como si no estuvieran allí, sino sólo una fiesta de alucinaciones.

La vida se detiene cuando caminas. Pasa a un lado tuyo. Contigo. Acompañando. Te permite pensar. Revisarte. Revalorar. Obtener una visión diferente de las cosas. Redescubrir. Y hasta conseguir un mejor plan para la vida.

Caminar descansa el alma, la consuela y reconcilia.

Las carreteras también tienen esa magia, nos permiten vaciar la mente. Estar y ausentarnos al mismo tiempo.

Existió un tiempo en el que viajé mucho, por causa del trabajo. Me gustaba viajar muy de madrugada y mirar el amanecer del día. Se podía sentir al mundo a través de la ventana.

En la actualidad, casi a cualquier hora, me

transporto nuevamente a esas carreteras. Las puedo ver y sentir por completo.

Siento el golpe del aire. El calor del sol. El olor de la hierba. El frio de la lluvia. La velocidad.

Pero hoy es un día normal, no he visto nada, no siento nada y saldré tarde de la oficina; tampoco he comido bien. Quizás sea por eso.

Cinco pisos y medio.
Copias.
Llamadas telefónicas.

En días como estos prefiero estar en casa, cocinar, limpiar, sacar la basura, jugar, verte dormir; descifrar las formas de los mundos en los que piensas y sueñas.

Es posible mirar pasar a las ideas frente a ti, mientras murmuras, involuntariamente cosas, casi sin sentido.

Algún día te voy a llevar a alguna de esas carreteras o caminatas, como te dije alguna vez. Estoy seguro que a ti te traerán recuerdos bonitos y agradables. Porque tú eres muy deferente de mí y no conoces las ruinas, las guerras, las masacres o las distancias que yo he conocido.

A ti te gustan las cosas bonitas, te guste reír, y conocer; saber, entender cosas nuevas, divertidas e interesantes. Pienso que por eso me gusta estar contigo. Porque tu traes contigo, revoloteando, toda la felicidad que yo no conozco.

Todavía recuerdo el primer día que te conocí. Muchas veces me acuerdo y pienso en ese momento. (Es cuando me descubres de buenas, sonriendo, y me preguntas "¿Qué te pasa?", pero yo sólo te respondo que me acorde de algo bonito).

Tu no lo sabes, pero aquel día (el primer día que te vi) me quedé mirándote mucho tiempo, tomando coraje, decidiéndome para hablarte, dándome valor. Me pareciste muy bonita, tierna y feliz; y yo sabía, sin lugar a dudas, que significarías mucho para mí. Lo supe desde ese momento. Siempre lo he sabido.

Decidí aceptar esa situación. Aceptar que sucediera. Afrontar que tú serías importante para mí. A pesar de cualquier cosa que tu decidieras acerca de mí.

Pudo haber ocurrido cualquier cosa en aquella ocasión, cuando irrumpí en tu vida por primera vez. Cosas terribles suceden cuando entro en la vida de alguien. Por ejemplo, tu mami me odia. No tengo duda de eso. Y yo lo siento mucho, pero la comprendo.

Me imagino como se siente que tu única y muy especial hija se haya casado con alguien como yo.

Yo también me odiaría.

Por eso respeto y quiero mucho a tu mami, porque te quiso más a ti que a su propia comodidad y salud mental. Te permitió decidir y cometer el error de casarte conmigo.

Me gusta lo que hago

Me gusta mi trabajo. Mucho. Es muy agitado, inestable, frustrante, estresante, absorbente, tequioso, comprometedor, costoso, impredecible y, lo peor, es que me veo obligado a interactuar con muchas personas de todos los niveles organizacionales. Pero me gusta. Mucho. Lo confieso. Especialmente porque es home office. Y sí, también porque la mayoría del tiempo me permite estar solo.

Estar solo me ha concedido la posibilidad de ser yo mismo y evaluarme; meditar, revalorar, reconstruirme y planear.

Ahora tengo muchos planes y muy poco tiempo.

Pero al menos tengo algo.

Algún tiempo atrás comencé a extraviarme y deja de ser yo mismo. Por ejemplo, me gusta fumar, pero hace mucho tiempo que no fumo.

No sé qué otras cosas que me gustan mucho he dejado de hacer... Comenzare a pensar en eso.

Mientras tanto, me he dado cuenta de que a veces hago cosas muy ridículas. Antes no me importaba, pero ahora sé que dejo en vergüenza a mi esposa… Entonces ya me importan un poco y me detengo cuando me doy cuenta.

En un escaso lapso de tiempo también dejaré en ridículo a mi hijo. Supongo que debo comenzar a esforzarme para tratar de evitarlo y comportarme mejor, pero es más fácil abandonar un vicio que abandonarse a sí mismo y a nuestras conductas involuntarias.

El gato de la vecina

Ese gato de la vecina se duerme en nuestro sillón. Yo lo entiendo, el sillón es rico. A mí también me gusta dormir allí. Y en el suelo. Debajo de la hamaca. En el camión. En el pasto.

Quizás soy un poco como ese gato, no me agradan las personas, prefiero dormir en lugares ajenos y evitar el contacto humano.

Es la verdad. Me duele ser tocado. Me canso muy rápido y tengo baja tolerancia.

Quedarme calladito, sentadito y seriecito, como una buena y educada (dócil) persona, es muy agotador.

Contenerse agota.

Por eso algunas veces exploto aparentemente sin razón y me dices que tengo un carácter horrible. Es el ardor de todas esas veces que me callé.

Yo no soy como las aves, que cuando el viento las invita ellas vuelan. Yo soy como aquel gato de la vecina; amargado, torpe, arisco, mal humorado; cuando alguien intenta tocarme me enfurezco, muerdo y me voy corriendo.

Pero él tiene la bendición de ser gato. Yo, en cambio, tengo la desgracia inconveniente de parecer una persona y, como tal, la inevitable necesidad de comportarme normal y relacionarme con otros; saludar, dar los buenos, decir adiós, sostener una conversación o ir a trabajar.

Cocina relajante

No soy chef, ni conocedor de la cocina y, de hecho, no sé cocinar muy bien. Pero nada me relaja y me quita el dolor de cabeza como cocinar algo delicioso (algo que a mí me guste).

Es una forma de terapia, estoy seguro. Un excelente sedante.

Pienso que debe tener algo que ver con la sensación de cortar, el fuego, los aromas, los crujidos o salpicar cosas.

Es fascinante.

Suceden muchas cosas al momento de cocinar. Es un acto de satisfacción y dedicación egocéntrica: requiere organizar, planear, imaginar, controlar y disfrutar.

Y al final, satisfecho, limpiar. Guardar todo. Desaparecer las evidencias. Como si nada hubiera ocurrido.

Es algo así como planear y llevar a cabo un asesinato.

Estoy comenzado a pensar que por ese motivo es tan relajante para mí.

Amores de juventud

Algunas veces me gusta recordar las pocas cosas que hice y que tuvieron que ver con romances y cosas de amores.

La verdad es que no tuve muchos. Fui una persona de pocas aventuras románticas. Nunca fui galán ni rompecorazones y nunca supe la forma de cómo enamorar a una mujer.

Pienso que mi problema es que digo lo que pienso y, muchas veces, no pienso adecuadamente. Soy cínico y no tengo romanticismo.

Mi propiedad.

Recuerdo que en una ocasión me acerque a una chica. Era la tercera vez que la veía y que habíamos intercambiado algunas pocas palabras. Pero ella era muy guapa y a mí me resultaba atractiva.

Conversamos entre amigos, en grupo (hasta donde conozco, es la forma más perfecta de comenzar a acercarse a una persona) Uno de sus amigos le toco el hombro para llamar su atención y decirle algo.

Yo me perturbé, aquel insignificante acto me

produjo irritación y alama, entonces, precipitadamente, en un impulso que no pude controlar, dije — ¡Oye! No toques mi propiedad.

Aquella chica, posiblemente sorprendida y ofuscada, intentando disimilar la sorpresa, solamente replicó — ¿Tu propiedad? — y se rio.

Al menos se rio. Luego fue mi novia.

Tendrás a mis hijos

En otra ocasión, mantenía una plática con dos mis amigas, una de ellas me gustaba mucho, y comenzamos a hablar del futuro, no recuerdo por qué.

Dijimos cosas como cuál sería nuestra profesión, dónde quisiéramos trabajar, nuestras ideas acerca de tener familia, etc., ese tipo de cosas.

Mi amiga (que me gustaba), dijo algo acerca de que le gustaría seguir estudiando y después tener una familia.

Yo le dije — Yo me casaré contigo y tu tendrás a mis hijos —. Ambas se rieron, en un acto de sorpresa e incredulidad.

Ahora, cuando se lo recuerdo, también se ríe.

Pero ya tenemos un hijo.

Chica con novio

Una vez me enamore de una chica con novio. ¿A quién no le ha pasado?

La verdad es que yo nunca en la vida he tenido respeto por eso. En poco tiempo conseguí besarla. Le pedí que fuéramos novios, pero no conseguí convencerla.

Luego, ella lo pensó un poco y terminó su relación con aquel esperpento.

No tardó mucho en que me buscara. Lamentablemente, para ese momento, era yo el que ya no estaba disponible.

Supongo que perdimos un poco el tiempo. Pero al final, solo tuvimos que esperar un poco más. Hasta que las cosas y los tiempos regresaron a su curso.

Distractor

También recuerdo a una chica a quien yo siempre interrumpía mientras ella estudiaba en la escuela, en la biblioteca o en el centro de cómputo.

Yo era el causante de sus malas notas.

Me la encontraba en los pasillos y yo sentía la necesidad inexorable de hablar con ella; después de todo, ella era irresistible.

Tenía un hermoso cabello largo y negro. Usaba lentes. Tenía esa aura de niña buena y aplicada que le hacía ver muy guapa y tierna. Y, además, realmente era muy inteligente. Las mejores conversaciones las tuve con ella.

Cuando ella me alcanzaba a ver, desde lo lejos, y me veía acercarme, parecía que traba de escribir más rápido o leer con más empeño y prisa. Pienso que trataba de hacer lo más que pudiera porque sabía que yo la habría de distraer y ocasionar retrasos. Y así sucedía.

Terminábamos hablando por mucho tiempo. Sin hacer la tarea. Extraviados. Le contaba cosas y ella solo se reía. Le tomaba de la mano y ella me dejaba. Me acercaba mucho y ella se ruborizaba. Le tomaba sus cosas, su libreta o libro; escribía en ellos y ella me permitía hacerlo.

La sacaba por completo de su rutina y de sus responsabilidades.

Ella usaba un montón de post-tics, en todas partes. Era muy ordenada y meticulosa. Muy responsable. Sé que yo le causaba problemas. También sabía que a ella le gustaba. Y ella a mí. Pero yo nunca se lo dije.

Se lo escribí. Para que lo leyera durante alguna de sus largos momentos de estudios. Al día siguiente de leerme, comenzó nuestra historia.

Número telefónico

En otra ocasión, a una chica que acabada de conocer le hice platica y me agradó. Ella dejo su celular sobre la mesa. Así que decidí dejarle mi numero guardado.

Tiempo después ella me llamo. Platicamos. Luego salimos y, después, hicimos muchas otras cosas. Cosas que valieron la pena.

Todavía me llama por teléfono de vez en cuando.

29 de febrero

Pero quizás a la mujer que más recuerdo es aquella amiga a la que invité a salir en un viernes 29 de febrero de 2008. Después de una divertida tarde le dije que me gustaba y le pedí que fuera mi novia.

¿A quién se le ocurre hacerse novios un 29 de febrero? No tendríamos muchos aniversarios. Pero ¿Quién piensa en eso?

Alguna vez, tiempo después, lo platicamos y prometimos que nuestros aniversarios serian de cuatro años, para que sea un ciclo completo.

De cualquier forma, me dijo que sí. Pero me pidió que no le contáramos a nadie. Fue mi novia secreta durante algún tiempo; pero esa es otra historia.

Niño deprimido

Cuando tenía más o menos 6 años de edad le dije a mi madre que odiaba a las personas y que deseaba que muchas se murieran.

Era cierto.

Le expliqué que me hacía sentir mal que las personas no fueran buenas, que le hicieran daño a sus semejantes y a los animales; que no respetaran a la naturaleza (los animales y las plantas no se pueden defender), que desperdiciaran el agua, los alimentos, las cosas. Me molestaba que fueran tan descuidados, sucios y sobretodo que fueran tan estúpidos.

Los niños eran estúpidos, los adultos también. No entendían cosas muy sencillas (cómo los sentimientos del otro). Cometían muchos errores. Arruinaban muchas cosas. Lastimaban al mundo.

Me preocupaba que hubiera tanto dolor. Y que ese dolor lo ocasionaran las mismas personas.

Me preocupaba que se cometieran crímenes. Robos. Asesinatos. Guerras. Me preocupaba todo. Me hacía enojar todo.

Ahora entiendo que estaba deprimido.

Especialmente me angustiaba la posibilidad de un apocalipsis nuclear o un aguerra. "Las personas que gobiernan son humanos, por lo tanto, son estúpidos", pensaba. Podrían fácilmente cometer una estupidez y acabar con todo al oprimir un botón.

Mi madre, cansada, después de un largo y duro día de trabajo, con sus creencias religiosas pero una autentica preocupación por mí (que hacía varios días que no dormía del todo bien) me dijo algo más o menos así (no lo recuerdo perfectamente):

"hay muchas personas en este mundo y lamentablemente no todas son buenas. Pero juzgar si son buenas o malas no es nuestra responsabilidad. No los conocemos y no los entendemos. Algunas veces no es del todo su culpa.

Dios nos ha puesto en este mundo para seleccionarnos, para que decidamos que clase de personas somos.

Este es un mundo temporal. Lamentablemente habrá muchas cosas que duelan, pero también habrá muchas cosas que nos harán felices. Porque hay muchas cosas que valen la pena. Además, habrá otras personas como tú, que también se preocupen, que sean buenas y que harán cosas buenas. Con el tiempo las encontraras.

Nuestro autentico deber es hacer las cosas lo mejor que podamos…"

Aun no sé si mi madre tenía razón. A veces pienso que sí.

Otras veces pienso que no.

Pero mientras mi hijo crece, no encuentro mejores palabras para responderle cuando me pregunta algo similar.

Fe

Cuando era niño no creía en Dios. No tuve fe.

Quizás conocí el concepto de dios debido a las tradiciones familiares católicas de mi cultura en américa latina. Pero cuando tuve la capacidad de percibir el mundo, en toda su maldad, su podredumbre, su agonía; perdí absolutamente cualquier atisbo de confianza en aquello que llamaban Dios. Dejó de existir para mí la posibilidad de algo como eso.

Era simple. No había razón por la que algún ser supremo "amoroso" nos colocara en este pedazo de tierra si estábamos destinados a sufrir y morir.

Sólo tendría sentido si nos odiara. Pero en ese caso no se tomaría tantas molestias en habernos traído hasta aquí (o crearnos); o quizás sí, pero en ese caso no valdría la pena rendirle pleitesía.

Así que la explicación más sencilla era que simplemente somos el resultado fortuitito, pero afortunado (o desafortunado), de un cumulo de eventos. Un accidente. Sólo eso.

Toda esa situación me resultaba lógica y evidente.

La vida, tal y como es; llena de injusticias y dolor, en todas sus direcciones, era el resultado evidente y palpable de nosotros, de nuestra culpa. Nosotros la hacíamos así. No un Dios, ni ninguna otra cosa (suerte, destino, etc.).

Actualmente, después de varios años, no puedo decir si tengo fe o no. Ni siquiera me atrevo a esbozar lo que es Dios, mucho menos decidir que lo conozco o que tengo Fe. No creo eso de mí.

Pero definitivamente he cambiado mis creencias. He decidido creer que algo parecido a Dios existe. Porque de un momento a otro, para mí, la vida significó algo; descubrí algo diferente. Un día miré a través de la ventana, hacía el mundo, y vi cosas que valían la pena:

Hombres y mujeres que se despiertan en la madrugada para ir a trabajar, para sostener a su familia.

Madres que no duermen, para cuidar de sus hijos.

Personas que le preparan el desayuno a alguien, sólo porque "deciden hacerlo".

Gente que, cansados de trabajar, llegan a casa y lavan la ropa, limpian, preparan los alimentos y cuidan de alguien.

Gente que agradece por cosas sencillas.

Gente que dona y ayuda a otros.

Gente que lucha por su vida ante enfermedades o adicciones.

Gente que se despide de sus muertos con dolor, pero pensando en aquellos momentos felices.

Gente que se reúne con alegría y se despiden con tristeza.

Gente que vive su propia vida a pesar de todo.

Gente que perdona.

Hijos que aman a sus padres.

Padres que aman a sus hijos.

Familiares que cuidan a enfermos, a pesar de que no les competen solo a éstos.

Personas que deciden amar a pesar de haber sufrido.

Entonces, pensé que, si algo parecido a Dios existe, se manifiesta con nosotros, a través de verdaderos actos de amor. Y aquello es una fuerza tan poderosa, que puede conseguir cosas sorprendentes.

Esa es la única fuerza que conozco que puede ser comprendida como algo milagroso o, incluso, divino. Y la cual me hace pensar y sentir que no estamos solos. Al menos, estamos aquí todos juntos.

Es lo que yo creo.

Miedo

Es de noche y tengo miedo. Acabo de escuchar ruidos extraños en el cuarto (como de alguien respirando y moviéndose). Y no soy yo ni mi barriga con hambre.

Hace un momento una ropa se movió solita... Se cayó del perchero. Así nomás.

Esta todo oscuro.

El perro de al lado se puso a ladrar furioso, y luego se detuvo. Estoy. Convencido de que vio o sintió algo.

Lo peor es que a ratos, cuando ya casi consigo dormir, algo mueve la hamaca como cuando alguien pasa por debajo.

Y no hay nadie.

No es la primera vez que me sucede. A veces escucho a niños jugando. Pero es de noche, los parques y terrazas están vacías.

Las cosas se mueven solas y se escuchan ruidos de la nada.

Hace algunos días atrás mi madre me hizo recordar que cuando era niño me pasaba algo similar. Durante muchos años, de niño, no dormía bien porque, según le contaba a ella, todas las noches alguien se encontraba de pie a un lado de mi hamaca. Mirándome.

Y no me dejaba dormir, porque me pellizcaba, me tapaba la nariz, me rasguñaba o, simplemente, algunas veces la respiración de esa cosa se escuchaba tan cerca de mí oreja, que me despertaba aún sintiendo el calor de su aliento en el cuello y rostro.

Letra fea

Después de usar solamente pc y smarthphones, con sus malditos teclados QWERTY y pantallas digitales, me hicieron olvidar que tengo una terrible letra de mano.

Me llevé una gran sorpresa al redescubrir mi horrorosa letra saliendo, presumida y altanera, de la tinta que se deslizaba del bolígrafo en mis dedos. Mientras mi ingenua mano hacia los movimientos de las letras, sin pena ni culpa, libre de toda preocupación, ignorante.

Me fui dando cuenta, perplejo y confundido, de la aberrante situación, pero para cuando la evidencia fue más que abrumadora e innegable me detuve, estupefacto, con un grito contenido y ahogado de sorpresa y horror (puesto que había una persona enfrente mío y no me iba permitir que una persona plebeya escuchara y se diera cuenta de mi estupor).

La pausa duró una infinidad de tiempo. Me quedé inmóvil. Asustado. Incrédulo. Absorto (Quizás la pausa fueron solo dos segundos. Pero para mí fue una eternidad).

Apenas recuperé el control de mí mismo, sonreí y continúe escribiendo como bien me saliera. Como dispusiera mi torpeza e ineptitud.

Me decidí con franqueza, aceptación y resignación a fluir con la honestidad dispuesta desde la punta de mis dedos, habiendo conseguido el consuelo desde el fondo de mi ser.

Al fin de al cabo es mi letra y es, de alguna forma, yo mismo, impregnándome, dejándome caer en el papel. Escribiéndome. Manchando.

Lo único trágico o que en verdad lamento es que, posteriormente, cuando intento leerme, no puedo. Es vergonzoso.

Sin embargo, a pesar de cualquier cosa, me gusta mucho mi letra. Es horrible, ininteligible y absurda. Pero soy yo. Es la forma de mis pensamientos. Tan incoherentes, confusos, feos, amorfos o diferentes, como yo soy.

Olvidadizo

Alguna vez quise ser médico; pero decidí que mejor no porque tengo una terrible memoria. Olvido todo muy fácilmente. Todo.

Temí estar en medio de una consulta y que se olvidara el nombre de un medicamento o, peor, en medio de una intervención quirúrgica y no saber cuál parte cortar.

Mi esposa no me creía el nivel de olvidadizo que soy, hasta que se dio cuenta ella misma, poco a poco; porque le contaba las mismas historias y anécdotas una y otra y otra vez.

Ahora, cuando empiezo a hablarle de algo, inicio con una pregunta, por ejemplo: "¿Alguna vez te he contado de cuándo…?", "¿Te había dicho antes que…?", "¿Te he dicho lo que pienso sobre…?"

Mi esposa me ha confesado que algunas veces me responde "no", solamente para escucharme de nuevo contar mis mismas historias raras. Una y otra vez.

Y yo, nunca me doy cuenta.

Tímido y callado

La mayoría de las personas que me conocen me consideran callado. Quizás tímido. Pero especialmente muy silencioso. Incluso, a veces, demasiado callado y serio.

La verdad es que me esfuerzo por muchas razones para mantener esa imagen. Entre otras, porque sé que no todas las personas aprobarían lo que pienso.

Algunas veces soy muy (insoportablemente) anarquista, sarcástico, chocante, blasfemo, vulgar, cínico, mal hablado; además, tengo una desgraciada facilidad bárbara para ser mal interpretado, porque muchas veces no explico lo suficiente o uso referencias poco conocidas.

Por lo tanto, resulta absolutamente inconveniente entablar una conversación con la generalidad de las personas. La mayoría de las veces genero controversia y, lo menos, incomodidad; pero también me ha tocado que me eliminen de grupos sociales o me marquen como "indeseable".

Eso significa que el grueso de personas que me han conocido, me recuerdan como alguien silencioso y tímido; porque he preferido evitar la fatiga de la polémica haciendo uso exagerado del silencio y la sonrisa condescendiente.

Por lo tanto, le he dicho a mi esposa que es terriblemente irónico que la mayoría de nuestras platicas terminen con ella diciéndome "¡ya cállate Alvar!", por qué ya no quiere escuchar mis locuras ni todas esas cosas raras que digo y que el mundo no está listo, ni mucho menos dispuesto a escuchar.

En parte, se puede sentir un poco de compasión por mi esposa, porque tiene que tolerar todo ese escándalo que soy yo y que otros jamás han escuchado o escucharan.

Música de colores

Nota mental para mí: Actualizar li listado de reproducción. Todavía tengo canciones de hace 8 años o más antiguas.

Y no es que sean malos, pero pienso que estoy atascado. Ya no tengo en mi lista de reproducción música nueva. Ya no estoy actualizado. No conozco las nuevas canciones.

Para peor, mi esposa dice que solamente escucho música de bajo umbral. Depresiva. Ya sabes, de colores oscuros como negro, gris o violetas.

¿Cómo que colores?

Sí, colores. Desde mi punto de vista, cada vez que escuchas música, ésta te transmite imágenes, emociones y, entre otras cosas, colores. La música es de colores.

Yo no pienso que sólo escucho música de tonalidades oscuras u opacas. Pero veamos, tengo aquí a…

Pantera – Walk
Ram Jam - Black Betty
Christina Aguilera – Beautiful
Gorillaz – Every Planet We Reach Is Dead

The Gossip – Heavy Cross
Sun Kil Moon – Heron Blue
Interpool – Evil
Audioslave – Like A Stone
Sarah Kider – Mermaid Song
Nancy Sinatra – This Boots Are Made For
    Walking
The White Stripes – Seven Nation Army
Simon And Garfunkel - The Sound Of Silence
Gary Jules - Mad World
Nina Simone – Sinnerman
Nick Cave & The Bad Seeds - Red Right Hand
Ella Fitzgerald – Summertime
Astrud Gilberto - Garota De Ipanema
Jorge Ben - Mas Que Nada
The Rolling Stones - Paint It, Black
Creedence Clearwater Revival - Have You Ever
    Seen The Rain
The Doors - Love Me Two Times
…

Es posible, quizás, que sí me encuentro en el bajo umbral. Y quizás sí debo subir un poco de color. Pero será otro día.

Apropósito. ¿Cuál es tu música favorita?

Yo pienso que, a estas alturas, podemos permitirnos tener la idea de que cada momento se lleva bien con algún tipo particular de música y que, por lo tanto, la vida es bastante musical y variada. Por lo tanto, podemos escuchar infinidad de tipos de música para nuestros diferentes momentos.

A pesar de eso, es posible que algún tipo de música sea la que nos domina la mayoría del día y de nuestras vidas. De acuerdo a nuestra personalidad. Supongo. Podemos darnos ese lujo.

Apropósito del tema, me he acordado que durante algún tiempo fui de las personas que pensaba que cada uno tiene una canción única que lo identifica. Una canción personal, exclusiva.

De esa forma, cuando vemos o pensamos en alguna persona le podemos escuchar su música identificativa, porque le queda perfecta, lo describe y caracteriza. Es algo absolutamente parcial y depende de la perspectiva individual, pero es al menos divertido.

Asigné algunas canciones para muchas personas que he conocido a lo largo de mi corta vida. Pero nunca encontré una sola canción que me identifiqué a mí en totalidad, así que abandoné el asunto, pero armé una lista de reproducción, como la mayoría de las personas.

Y tú… ¿Cuál piensas que es tu canción?

Fiesta de cumpleaños

Me agrada reunirme con los amigos y disfruto mucho de las conversaciones. Pero me considero un tanto antisocial porque no me agradan las fiestas. Para mí son tumultos desorganizados y ruidosos. Con la música con un volumen tan elevado se dificulta la conversación e, incluso, para bailar no es tan agradable.

Particularmente no me agrada celebrar mi cumpleaños. En serio. Prefiero un simple abrazo de las personas que aprecio y estar solo el resto del tiempo, para hacer algo que "en largo tiempo" no haya tenido oportunidad de realizar (como leer, ver una película o comer galletas con mantequilla y un refresco embotellado).

Quizás el origen de mi resistencia proviene de un trauma del pasado. Cuando tuve 3 años mi madre me hizo una fiesta de cumpleaños. Pero lo arruine todo. Hice un berrinche de época para que no se rompiera mi piñata. Una enorme piñata de caballito como de 20 centímetros (Tengo la foto; es la foto de mi última fiesta de cumpleaños).

A partir de ese día mi madre juro jamás volverme a celebrar alguna fiesta. Y lo ha cumplido hasta el día de hoy.

Aun así, he disfrutado mis cumpleaños. Son en agosto. Siempre estuve de vacaciones y en verano.

Mi tía Amira, a sabiendas de la decisión de mi madre, me realizaba una pequeña comida especial en Cancún (donde ella vive), cuando yo estaba de visita. Muchas veces me hacía un pequeño pastel y espagueti o me llevaba a McDonald's para comprar una cajita feliz (También tengo fotos de eso). Desde entonces ir a McDonald's es como festejar mi cumpleaños, cada vez; lo mismo que ir a Cancún. Por eso me hacen feliz esas visitas.

Apropósito, esta situación de no hacer fiestas provocó que en una ocasión a mi esposa se le olvidara mi cumpleaños por completo y que el día transcurriera como otro día cualquiera.

No se la ha acabado desde entonces. Pero es fantástico para mí, porque apenas cometo una infracción y ella se pone furiosa, yo le digo, "ah, pero eso no es tan malo como que se me olvide tu cumpleaños."

Automóvil

Ayer fumé, después de (creo) diez meses, y fue tan exquisito que pienso volver a adquirir el mal hábito. Ya ni siquiera recuerdo porque lo dejé.

Mi esposa va a enojarse por eso.

Fumé porque estaba estresado; había olvidado lo complicado que es viajar en familia.

De pronto me vi con las maletas, cansado, adolorido, golpeado, empujado, trasnochado y sin haber comido… Y todavía estábamos en la terminal de camiones para abordar el autobús de salida a nuestro primer destino. Las vacaciones apenas iniciaban.

Situaciones como esa hacen valorar la comodidad de un vehículo propio (No he tenido un auto propio nunca. Nunca).

Y, en este punto, me voy a privar de toda dignidad para ser honesto y confesar que esa situación me hace sentir muy mal. Me hace sentir un fracasado.

Me lo tomo muy personal, en serio.

Pero por más que lo he intentado, durante

muchos años, se me ha escapado de las manos. Por una u otra razón. Es muy frustrante.

Sin embargo, a pesar de no tener automóvil propio, me he visto involucrado, de formas que no quiero explicar, en ocho accidentes automovilísticos (sólo uno ocasionado por mí, debo aclarar).

Además, se me han ponchado tres llantas (dos de las cuales he tenido que comprar para devolver), he agotado dos baterías, roto un cristal delantero, quedado sin gasolina varias veces, recibido muchas infracciones, llevado a mochileros, hecho de taxista, arrancado un retrovisor… Pero al menos he tenido el placer de haber recorrido toda la península de Yucatán en automóvil, con todos sus poblados y carreteras.

No sé.

Quizás, ahora que lo medito, eso de no tener automóvil propio sea por alguna buena razón.

Comida rápida

No sé qué trauma tengo, pero casi siempre cuando voy a un restaurante (o cualquier establecimiento de comida) me quedo con algún artículo que haya usado. Como una servilleta, una pajilla, un sobre de esplenda o cátsup, etc.

De alguna manera no soporto desprenderme de algo que fue mío... Aunque solamente lo lleve a casa para, posteriormente, tirar a la basura.

En McDonald's me quedo con el sobre de miel de maple, una servilleta o el vaso de bebida. En Burger King me quedo con la corona (quiero pensar que eso es muy común), el popote o la salsa cátsup. En restaurantes de comida china me quedo con los palillos chinos o el tenedor desechable. En Sanborns me quedo con un agradable sabor del helado de yogurt... Y esplenda (eso pareció un anuncio de publicidad). En bufetes de hoteles me quedo con un pan o galletas; para el camino. Y en bares, conservo una taparrosca.

Pienso que lo hago únicamente con la intención de encontrar ese pequeño objeto, cuando estoy de vuelta en casa y, mediante él, obtener la sensación de revivir el momento; acordarme de algo que hubiera sido agradable.

Audífonos

Algunas veces me coloco los audífonos sin música ni nada; es más a veces ni siquiera los tengo conectados a algún dispositivo... Lo hago con el único propósito de evitar el contacto social; y que las personas no me interrumpan, no me hablen, no me dirijan la palabra y sigan de largo, sin molestar.

Al inicio usaba auriculares pequeños pero algunas personas no los alcanzaban a ver y me iniciaban platica... Así que me compré unos enormes, tipo DJ de color blanco.

Debo admitir que éstos tienen la ventaja adicional de una excelente acústica cuando, por casualidad, decido escuchar música.

Trivialidades inconexas

Tengo un trauma que nunca he superado, pero de eso no voy a hablar.

Me queda 50% de Batería en el celular.

Tengo un hijo.

Se me cae el pelo.

He subido de peso.

Necesito lentes.

Se me olvidan las cosas.

Miro películas viejas para recordar mi juventud.

Me rio solo.

Digo groserías.

Fumo.

Invento palabras.

Todavía odio con facilidad a las personas.

Y ya no creo en los cariñositos.

Últimamente lo mejor de mi día es jugar trenecitos, correr como tonto, mancharme de tierra, mojarme, gritar como estúpido y escuchar tus risas.

Y ya es algo bastante normal amanecer con uno o varios juguetes incrustados en la espalda.

Despertar en madrugada

A veces, en la noche, me despierto porque el nene tiene miedo y viene a nuestra cama. Entonces me quedó ahí, quieto, durante algún tiempo, un poco apretujado, entre ronquidos ajenos; pensando cosas.

En esos momentos de quietud y silencio, me consigo sentir terrible y me disculpo con todas esas cosas que he abandonado: amigos, sueños, historias, metas, planes…

Les pido perdón, porque hace mucho tiempo que no los he contactado ni retomado. No es que los haya olvidado, es sólo que no los he podido ver ni llamar por teléfono. Mucho menos llevar a cabo.

Un poco porque he estado enojado con todo. Con Dios, con la vida, el destino, el karma y ese viejito de la esquina que parece brujo, mago o loco (juro que a veces se convierte en animales y me sigue por la calle). Y yo no he querido que me vieran así; enojado. O triste.

Los he pensado y siempre les llevo conmigo. Cuando los reencuentre me contarán de todas esas cosas que han hecho y parecerá que no han transcurrido tres o cinco años, sino solamente una tarde o un fin de semana.

Largo día de trabajo

Es el final de un día de trabajo. Estoy en un autobús, camino a Merida. Son las 22:15 Horas del miércoles.

Salí de casa apenas el lunes durante noche. Fue una larga jornada de trabajo. Seis ciudades, muchos empleados, varios papeles, incontables tazas de café, tres comidas, siete oficinas, muchos taxis y también muchos autobuses.

Llegaré a casa durante la madrugada. Espero que los perros no me ladren.

No pude dormir y apesto a perro mojado. Creo que me senté sobre un animal muerto en uno de los transportes que utilicé... Estoy casi seguro.

En Cancún me confundí de autobús y tuve que caminar como diez cuadras de regreso bajo el sol del mediodía. Sudé como un cerdo.

Odio la camisa de manga larga, me hace sudar mucho y no me permite rascarme la espalda con facilidad. Tengo que frotarme contra pared como un desquiciado. Por suerte ya había tenido junta con los jefes por la mañana y no me vieron comportándome así.

En Playa del Carmen me detuve unos minutos en la playa. Me tomé fotos con mis pies en el agua, descalzos. Un pelicano casi roba mis zapatos.

En Chetumal me compré una cajita feliz; al menos eso me gustó mucho. Guardé el juguete para Elías, espero que le guste tanto como la última vez.

En Ciudad del Carmen desayuné huevos estrellados apenas amaneciendo. El camión llegó temprano y tuve que esperar bastante para iniciar el trabajo. Así que desayuné con paciencia.

En Campeche compré Té verde de Reca, recorrí el malecón y comí helado de frutas. En fin. Todo salió bien.

Por suerte me encanta viajar. Es como leer poesía o pintar con el cuerpo, el alma y el tiempo; mezclando distancias, climas, colores, personas, aromas, sabores y ciudades.

Voy a extrañar mucho todo esto.

En septiembre se termina mi contrato. No sé cuándo volveré a todas estas ciudades. Espero que las distancias y el tiempo me tengan paciencia.

Problemas imaginarios

Una vez mi madre me dijo que todos moriremos algún día, que seremos polvo, como si nunca hubiéramos existido. Para ese entonces, sabremos si dios ha existido o no. De existir, él nos reconocerá y platicaremos de la vida que nos hicimos y de eternidades.

En caso contrario... Nada. Simplemente lo que hicimos se habría perdido, desaparecería como si nunca existió; habiendo sido nosotros felices o no.

Así que, durante mucho tiempo, viví con la plena intención de algún día platicar con algo parecido a Dios de las cosas que hice; procurando hacer que valiera la pena.

Al mismo tiempo, entendí que, en caso de nunca tener la oportunidad de hablar de mis actos con Dios, igualmente me esforzaría por hacer cosas divertidas de mi poco tiempo, ya que, al final, no quedaría ninguna cosa y solamente tenemos el presente; el cual es mejor disfrutar y usarlo para ser feliz.

En ésta perspectiva, absolutamente todo y todos morirán y desaparecerán en el olvido instantáneo. Eso otorga la ventaja de reducir los insoportables complejos éticos y/o morales de otras personas a vil basura que no valen la pena detenerse a pensar ni, mucho menos, considerar.

En el mismo sentido, leí alguna vez un pequeño artículo acerca de una anciana de 90 años que dijo algo mas o menos así: "De volver a nacer, haría más travesuras y correría más riesgos. Me bañaría en la lluvia, comería más helado, jugaría más deportes, daría más besos. Seguramente tendría muchos más problemas reales de los que tuve. Pero al menos tendría menos problemas imaginarios."

Más aun, descubrí que, al encontrarnos al borde de la muerte, ésta situación tan extrema y radical nos proporciona una perspectiva diferente de las cosas. Quizás más clara acerca de lo verdaderamente importante...

Imagina, por ejemplo, que éste es el último minuto de vida que tienes. ¿Qué es lo que te arrepentirías de no haber hecho? ¿Qué es lo primero que lamentas perder? ¿Qué fue lo mejor de tu vida? ¿Qué repetirías? Quizás algunas cosas toman un matiz diferente y pierden o ganan importancia.

Así que, de cierta forma, cada día intento imaginar que me reúno con Dios a hablar de ese mismo día y considero también que todo se extinguirá hacia la nada; entonces procuro disfrutar del presente sin tomar en cuenta opiniones ajenas, me pregunto qué es lo importante y que lamentaría perder si éste fuera mi último día de vida; además intento no tener problemas imaginarios.

Sin embargo, la mayoría de las veces lo olvido todo y me convierto en alguien con un trabajo mediocre, problemas económicos y mucho cansancio; acabando el día un poco triste, estresado o de mal humor.

Pensamientos sin conexión

Todos los días intento tener fe.

Todavía me da miedo la oscuridad.

Aún tengo conversaciones largas con mi amiga Mónica y procuro que mi esposa no se dé cuenta.

Apenas puedo descansar.

Casi a diario, durante el día, me duermo sin darme cuenta y en las noches tengo insomnio.

Quizás me siento solo, pero juro que el gato me vigila y al perro le gusta reírse de mis torpezas.

Nunca dejare de morderme las uñas.

Tal vez pude ser mejor, pero en el camino no me lo permití, porque NO me gustaba la sensación de "no ganar todas las veces".

Mientras tanto me recuesto en mi lugar favorito y me divierto contándote historias, mirándote crecer.

En ocasiones me enojo tanto que me convierto en alguien más... un minuto después soy casi el mismo, pero no recuerdo que estaba haciendo.

Algunas veces fumo... pero la mayoría del tiempo sólo te extraño.

De vez en cuando me acuerdo y me molesto; supongo que no he aprendido a perdonar (me).

En el principio no tenía dudas. Todo era más fácil.

No comprendo de qué forma pueden estar reunidos el anime, doramas, arte, política, psicología, filosofía, religión, kpop, idiomas, gastronómica, literatura, escultismo y muchas coas más, en una mujer de lentes.

A esta altura aún sigo pensando en cosas para decirte, para llamar tu atención y que me mires.

Me cuesta trabajo dejar de tocarte.

Es difícil no sentirse solo a la mitad de la noche.

A pesar de las ventajas, la oficina sigue siendo un lugar deprimente.

Ahora bien, todos los días valen la pena porque despierto con mi familia.

En suma, es posible sentirse satisfecho.

Sin embargo, todavía guardo la esperanza de días gloriosos.

En cualquier caso, me gusta descansar en medio de ustedes; con los pies del niño en mi cara y tomándote de la mano.

Estoy maldito

Estoy maldito… Tengo todas las señales.

En la mitología de mi familia existen una serie de eventos que, cuando acontecen (son como avisos), nos anuncian calamidades futuras, que inexorablemente ocurrirán en el devenir de nuestras vidas.

Pues bien, he tenido muchas los últimos días:
- ✓ He tirado sal (mucha) sobre mi mano y mi dinero.
- ✓ Las polillas me persiguen.
- ✓ Se me cayó dinero de la mano, muy torpemente.
- ✓ Insectos de varios tipos (mosquitos, moscas, cucarachas, hormigas, arañas... además de ratas) han aparecido repentinamente en mi hogar y ropa, en grandes cantidades, sin aparente razón o motivo.
- ✓ Serpientes han hecho su nido en mi domicilio.
- ✓ Tuve sueños acerca de introducirme y casi ahogarme en aguas sucias, negras, muy oscuras.
- ✓ Me caí torpemente mientras cruzaba la calle (todavía me duele mi dedo gordo y las manos).
- ✓ El perro del vecino aúlla, inconsolable, durante las noches.

Y, a pesar de mi formación como psicólogo, no he podido arrancarme las creencias de mi cultura familiar, las cuales aprecio por el valor histórico-mítico que poseen, pero hoy me están creando estragos mentales.

Quizás es sólo que soy muy estúpidamente torpe.

O quizás sólo se deba a que estoy muy nervioso, ansioso y asustado, porque la vida es incierta, violenta y cada día parece que tengo menos tiempo.

¿Tienes sueño?

¿Elías, tienes sueño? … ¿Si? ¿No?

 Las tardes a veces provocan sueño.

La vida nos ofrece diferentes momentos con diferentes texturas... Las tardes, por ejemplo, son particularmente mis favoritas.

En las tardes el sol es de color naranja, casi rojo, y pinta las cosas de tonos dorados.

A esas horas los objetos, las casas, los árboles y las personas se miran diferentes. Se ven antiguas. Como extraviadas. Parecen que tienen otra vida.

Están cubiertas con escarchas de oro. Se mueven, piensan, sienten y se desbordan, con desesperación, con ansias…. De la forma en que lo hacen los amantes justo antes de encontrarse; sabiendo, impacientes, que pronto se convertirán en una sola sombra.

Disruptivo

Hoy día tengo ganas de ser disruptivo.

Durante toda la educación básica no tome en serio los estudios, de hecho, nunca estudiaba y muchas veces faltaba a clases. Fue hasta la universidad que medianamente estudie, la verdad es que no me preocupaban las calificaciones.

Solamente me esforcé en temas que fueron de mi completo interés y sólo cuando me parecía necesario realizaba las tareas.

En todo caso, me gradué y, en este punto de me vida (varios años después de egresar), toda esa porquería de calificaciones, tareas, cumplimiento de horarios, trabajos en equipo, cuestionarios, PROMEDIOS y todas esas cosas aburridas de las escuelas han sido totalmente intrascendentes, no me sirven en la actualidad y significan nada en absoluto.

Personalmente, no voy a permitir que la escuela le arruine ni un poco la vida de mi hijo con cualquier basura burocrática, conceptual, metódica o estructural o cualquier otra cosa. No vale la pena. Los niños apenas tienen tiempo y oportunidad de ser niños una vez en la vida.

Decisiones

Mi situación financiera me obliga (me impide) mantener mi vicio de fumar. No puedo darme el lujo.

Fue bueno mientras duró, amigo tabaco, regresa con la muerte y dile que tardaré más en llegar, la vida real no me permite cometer suicidio en pequeñas dosis.

A parte de esa, he adquirido algunas decisiones últimamente.

He decidido que…
Siempre vale la pena en "mejor calidad",
La samba es mi ritmo de música favorito,
El invierno será siempre mi época favorita del año,
Leer en voz alta no me va,
El picante no es mi amigo,
Hacer el ridículo es bueno para la salud,
Morder es mejor,
Caminar cuesta menos,
Dormir es la mejor parte del día... Y la noche,
Necesito estar solo al menos 5 minutos al día,
Nunca tendré automóvil pero no importa porque nunca quiero salir de casa,
Ser bueno es malo,
Ser malo es estúpido,
La bebida con hielo y pajilla sabe mejor,

Hablar con acentos es más divertido,

Por otro lado, he descubierto que soy el antihéroe de una autobiografía aburrida, barata y de mala calidad.

El poder del lado oscuro

Nosotros, que nacimos de la oscuridad, conocemos sus matices, sus sonidos, sus aromas, sus sabores... Sus obras.

La reconocemos.

Que hayamos visto la luz nos permite una oportunidad que otros no tienen... Pero tenemos dos vidas.

La oscuridad jamás se aparta de nosotros. Esta aferrada en nuestra piel, en nuestros actos, pensamientos y anhelos. Nos carcome, nos inunda y a veces nos consigue poseer.

Somos parte de ella. Sus hijos.

Y constantemente queremos regresar a su cobijo.

Lunes a viernes

Es un día normal de trabajo, un día cualquiera. Me despierto por la mañana con las inconfundibles voces de los personajes de "Plaza Sésamo", "Pepa pig" o "Thomas y sus amigos". Algunas de esas voces permanecerán en la mente varias horas después, durante el día.

Llevaré al pequeño al colegio. Me tomará más de media hora. Es un recorrido que podría ser de 5 minutos, pero las distracciones en el camino consiguen demorarnos más de lo necesario. Sin embargo, debo admitir que es mi media hora favorita del día.

El recorrido incluye canciones infantiles, discusiones tipo "no toques eso", "camina, el perro está encerrado y no te puede morder", "no te voy a cargar" y "hoy si hay clases y tienes que ir a la escuela".

Además de esas eventuales conversaciones sencillas, existen pausas cada dos pasos para hacer que el cochecito de baterías pueda acompañarnos sobre la acera, subiendo y bajando los desniveles de las entradas para automóviles.

Además, nos detenemos para acariciar gatos.

Después llegaré a la oficina, tomaré café, un desayuno y revisaré las noticas en el periódico o la televisión, hablando conmigo mismo:

"veamos que ha pasado en el mundo…
chispas, un muerto…
un ataque terrorista…
cambio climático…
otros muertos…
pleitos en la calle…
accidente automovilístico…
creo que conozco a ésta persona…
no, no la conozco…
otro muerto…
taxistas…
Quizás la sección de finanzas sea un poco menos fea…
no, mala idea.
Vámonos a la sección de comics."

Esta semana recorrí nuevamente las ciudades de Quintana roo para actualizar contratos, resolver dudas, solucionar problemas y prevenir bajas (o apresurar bajas).

Aproveché comer en McDonald's. Recuerdo que alguien me había hecho el comentario de que no le gustaba comer solo en un restaurante, porque sentía que las personas lo miraban como juzgándolo. Bueno, yo compré una cajita feliz y comí solo. A mí me pareció agradable.

Director de películas

Cuando fui niño pensaba en ser director de películas. Con el tiempo mi sueño a muerto y desaparecido, pero la idea de cómo se forman las películas ha permanecido en mi concepto mental de la vida cotidiana, de tal manera que a veces considero que un día entero es una sola película o, a veces, me doy la libertad de crear alguna historia privada de mi imaginación (llena de todos esos efectos especiales espectaculares e historias increíbles).

Me tomo la molestia de ir creando una película en mi cabeza; acerca de cualquier tema, como cuando imaginas o recuerdas una historia, pero con esa sensación de cine (sonido envolvente, oscuridad, silencio, tomas espectaculares, cámara lenta, subtítulos, explosiones, efectos especiales, etc.).

Cuando ya tengo armada un aparte importante de la película le pongo "play" en mi cabeza y la termino de crear varios días después, revisándola y mejorándola poco a poco, en mis breves tiempos libres. Hasta que, antes de dormir, la miro la pasar en mi mente completa, incluyendo los créditos finales.

Algo que siempre me ha parecido gracioso es pensar en aquellas escenas que simplemente

nunca vemos en la pantalla (porque no traen
nada de provecho ni son interesantes).

Por ejemplo, ¿A quién le importaría mirar
esos momentos en el transporte público,
conduciendo en un embotellamiento, esperando
en la sala de espera, haciendo cola en la caja del
supermercado, lavándote los dientes, comiendo,
trabajando en una computadora sin moverte por
horas?

Nunca salen esos largos periodos de tiempo
vacío en las películas. Simplemente las cortas y
vas hacia lo siguiente que es interesante. Pero
pensar en eso me resulta divertido.

Después de todo, todas las historias son
interesantes porque suceden cosas; porque todas
las vidas son interesantes. Todos los días alguien
muere, alguien nace, alguien es traicionado por
un amigo por amor o por dinero, alguien sufre,
alguien tiene una enorme alegría o enfrenta un
gran desafío, etc.

Todo el tiempo ocurren grandes historias, en
todo el mundo, en cada esquina; cosas que nos
darían mucho de qué hablar y aprender.

Rencor

Soy un apersona rencorosa, lo sé, lo admito y lo siento… pero la verdad es que quiero ser así.

No he aprendido a perdonar. Quizás es mi peor defecto.

Tengo, por ejemplo, una libreta negra con los nombres de todas esas personas que aún quiero vengarme.

Debo señalar que, para mi placer y paz espiritual, muchos de esos están ya muertos (no por mi causa, si es que te lo has preguntado).

Allí están marcados en color rojo los nombres de, por ejemplo:

Quienes realizan la programación de las caricaturas en la tele y luego la cambian por un partido de futbol.
El que se robó mi pastelito submarino del refrigerador en la empresa.
El que se robó mi suéter favorito.
Los creadores de Windows 8.
Los creadores de virus cibernéticos.
Los escritores de la serie "V"
Un conductor de un volcho blanco en Guadalajara.
Varios agiotistas.

Aquel policía corrupto.

Aquel que envenenó a mi perro.

Muchos abogados.

Ese hijo de perra que golpeo a mi amiga.

El niño bulling de la primaria.

Un prefecto de la preparatoria.

Los ladrones que entraron a mi casa.

Algunos gerentes de las empresas donde he trabajado.

… Entre muchos otros.

Fumando

Mi esposa se enoja conmigo porque soy conflictivo, polémico y me rio de bromas y cosas que sólo yo entiendo.

(Enciendo mi cigarro… Inhalo)

Hoy desayuné en el primer local de tortas súper mantequillosas y baratas que conocí, hace ya cerca de 10 años. Creo que fue el primero de ellos. Tengo al menos un buen recuerdo de ese lugar, desayunando con una amiga.

Supongo que, a nuestra edad, los recuerdos son esas cosas buenas que nos ayudan a viajar, y nos salvan, cuando estamos metidos hasta el cuello en el tedio del trabajo… además de ese deseo incomparable, reconfortante y desbordado de regresar a casa.

(Exhalo)

Cuando leo mis textos favoritos tengo en la mente la voz de narrador de Guy Pearce en la película Memento del año 2000. Tengo que aceptar que es mi voz favorita.

(Inhalo)

No me he comido las uñas en al menos dos

semanas. Algo bueno ha de estar sucediendo.

Mentira, me las comí hoy día.

(Exhalo)

Me gusta mi trabajo.
Aunque me hace un poco miserable.
Supongo que soy feliz siendo miserable.

(Inhalo)

Sonaré inexperto, inepto, imberbe, con poca imaginación, pero… Acabo de descubrir el delicioso y maravilloso placer de combinar dulces y tabaco.

Todo en el breve abrigo de la brisa otoñal de un domingo por la tarde.

(Exhalo)

Jamás pensé que ser callado, muy selectivo con las personas con quienes me relaciono y exagerado para elegir a mis amigos me sirviera de algo, hasta que descubrí el "Reclutamiento y selección" en Recursos humanos.

Supongo que todos tenemos alguna función en este mundo.

Muchas gracias por su tiempo y lectura. Deseo de todo corazón que éste libro haya sido de su agrado; especialmente deseo que consiguiera llevarlo hacia algún recuerdo que disfrutó revivir.

Pero especialmente le deseo muchos éxitos, logros y victorias para usted.

Sinceramente,

Alvar Muñoz